ダライ・ラマ
ハートフル・メッセージ

ダライ・ラマ14世テンジン・ギャツォ
訳……鈴木樹代子

春秋社

序

私は仏教徒ですから、ブッダの教えである仏法《ダルマ》にもとづいて修行をしています。

私の経験から申し上げれば、自分の信仰を他人に押しつける権利は誰にもないと思います。

私は「自分のやり方が一番です」などというつもりはありません。決めるのはあなたです。

ブッダの教えの中に、もし自分に向いていると思われるものがあれば、試してみてください。

役に立たないと感じるならば、捨てていただいてけっこうです。

ダライ・ラマ法王14世

I am a Buddhist and my whole way of training is according to the Buddhist teaching or Buddha *Dharma*. Although I speak from my own experience, I feel that no one has the right to impose his or her beliefs on another person. I will not propose to you that my way is best. The decision is up to you. If you find some point which may be suitable for you, then you can carry out experiments for yourself. If you find that it is of no use, then you can discard it.

His Holiness the XIV Dalai Lama

はしがき

本書は、1993年にロンドンで開催されたダライ・ラマ法王の講演内容をまとめた『慈悲の力(*Power of Compassion*)』からの抜粋です。

愛、思いやり、許しの大切さを説くダライ・ラマ法王のメッセージが、本書を通じて多くの方々に届くことを願っております。

チベット人にとってダライ・ラマ法王は、精神世界と世俗世界の両方における指導者です。1989年には、チベットの自由を求めるダライ・ラマ法王の非暴力の闘いに、ノーベル平和賞が授与されました。

ダライ・ラマ法王は、1959年以来、インドで亡命生活を送っています。チベットは、今もなおお中国に占領されているのです。

1999年9月

ロンドン・チベット代表部事務所

目 次

Part Ⅰ

満足、喜び、正しい生活

Contentment, Joy and Living Well

すべての生きものは幸せを求め、痛みや苦しみは求めません。特に人間はそうです。

この大原則があるので、私たちはどんな場合でも幸せになる権利があります。さまざまな手段や方法で苦しみを克服し、幸せな人生を手に入れる権利があるのです。

ただし、こうした手段が良い結果をもたらすのか、悪い結果をもたらすのか、前もってきちんと考えておくことが大切です。

目先の利益と将来に続く利益、さらにそこから生じる結果について、しっかり把握しておくべきです。いうまでもありませんが、長期的な利益のほうが重要です。

仏教では、「絶対ということは何もなく、すべては相対的だ」とされています。そうであれば、状況をよく見極めてから判断をくだすべきです。

私たちの経験や感情は、おもに身体と心に関係しています。心の幸せがよい効果をもたらすことは、日々の体験からもわかります。

たとえば、二人の人が同じような悲劇におそわれたとしても、それぞれの心のもち方の違いから、一方の人はもう一人よりも、ずっと楽に問題と向き合えるかもしれません。

幸せな人生を本気で願うなら、内と外の両面から幸せを追求することがとても重要です。

いいかえれば、精神面の成長と物質面の成長が必要だということです。

これに「スピリチュアルな成長」を加えることもできますが、私が「スピリチュアル」というときは、宗教の信仰だけをさしているのではありません。愛情や積極的にかかわっていこうとする熱意、自分を律する心、よい動機にもとづく知性など、人間が基本的にもっているよい性質をさしています。

これらは、私たち誰もが生まれながらにもっている性質です。人生の途中で現れてくるようなものではありません。

脳の機能障害などがないかぎり、誰もが同じ「人間としての可能性」をもっています。人間の素晴らしい脳は、正しく使えば私たちの強さの源《みなもと》にも、未来の源にもなります。

ところが、この素晴らしい能力をまちがって使えば、とんでもない悲劇につながります。

地球上の生きものの中で、人間は特に優れていると思います。人間は、自分のために幸せな人生を創り出せる上に、他の生きものを助けることもできます。

私たちは生まれつき創造的《クリエイティブ》です。それに気づいて、実際に創造力を発揮することが大切です。

自分の可能性に気づき、自分の能力に自信をもってください。それができれば、よりよい世界を築くことができます。

私の経験から申し上げれば、自信はとても大切です。盲目的な自信ではなく、自分の可能性に気づくことからくる自信。それを土台に、良い性質を増やし悪い性質を減らして、自分を変えていくことができます。

ブッダのもっとも基本的な教えは、四つの聖なる真理の教え（四聖諦《ししょうたい》）です。

1. 苦しみは存在する
2. 苦しみには原因がある
3. 苦しみは滅することができる
4. 苦しみを滅した自由の境地へ至る方法がある

この教えの土台となっているのが、因果の法則と呼ばれる普遍的な法則です。

この根本の教えを理解するには、まずは自分の可能性に気づき、それを最大限にまで高めて活用することが重要です。この点からすれば、私たちの行為はどれもみな重要だということになります。

本来、頭脳の知的な働きと思いやりのバランスをとるのは、難しいことなのだろうと思います。

大人になると、つい人間らしい愛情を無視して知的な働きだけに集中してしまうことがありますが、それではバランスがくずれます。

そうなると、やっかいな問題やトラブルが起きてきます。

微笑みはとても大切な表情です。ところが、人間には知性があるので、微笑みというよい性質でさえ悪用できてしまいます。

たとえば、皮肉笑いやあいそ笑いなどは、相手に疑いの気持ちを抱かせるばかりです。

私自身、日々の生活の中で、心からの微笑みや愛情あふれる微笑みはとても大切だと感じています。

そんなふうに微笑むことができるかどうか、微笑んでもらえるかどうかは、あなたの心がけしだいです。

自分は微笑まないのに相手に微笑みを期待するなんて、おかしいですよね。結局、なにごとも自分の行いしだいです。

大切なのは知性や判断力をもつこと、そして長い目でみたときの長期的な幸福と、目の前の短期的な幸福それぞれから、どんな恩恵が得られるかを把握しておくことです。

ある段階までは、身体そのものがよい指標になってくれます。たとえば、何かを食べて具合が悪くなったとしたら、どんなにおいしいものでも、次からは食べたいと思わなくなります。

このように、何が快適さや幸せをもたらし、何がそうでないのかについて、ある程度までは身体が教えてくれるでしょう。

知性は、将来にわたる長期的な結果を見通せます。だから、知性と目先の欲望がぶつかることもあるでしょう。

知性の役目は、善悪どちらにもつながりそうな出来事や要因があった場合に、善に転んだ場合と悪に転んだ場合で、それぞれどういう結果になる可能性があるかを見極めることです。

さらに、その可能性を、教育によって開かれた見識で判断しながら、上手に活かして自分の利益や健康につなげていく。これも知性の役割です。

心の中を調べていくと、心にはさまざまな様相があるとわかります。なかには良いものもあれば悪いものもあります。

たとえば、とてもよく似ているけれど、似て非なるもの、というのがあります。

「自信」と、「うぬぼれ」や「プライド」がそうです。どちらも、気分を高揚させて、ある種の確信や大胆さを与えてくれる点で似ています。

しかし、「うぬぼれ」や「プライド」はよくない結果につながることが多いのですが、「自信」はよい結果につながることが多いものです。

私はふつう、二種類のエゴを区別しています。

ひとつは、自分の利益ばかりを追求して他者の利益をかえりみない自己愛着のエゴ。これはよくないエゴです。

もうひとつは、「私はよい人間になりたい。私は奉仕したい。私はすべてに責任を負う覚悟があるぞ」というエゴ。

こういう種類の「私」あるいは「自分」という感覚は、ある種のネガティブな感情をやっつけてくれます。

このようにエゴには二種類あり、それを見分けるのが知恵や知性です。同様に、「謙虚さ」と「自信のなさ」も見分けなくてはいけません。

どちらも少しへりくだった心の働きですが、「謙虚さ」はポジティブ、「自信のなさ」はネガティブです。

欲望には、良い欲望と悪い欲望があります。たとえば、大乗仏教では二つの強い願望について説いています。

ひとつは「生きとし生けるものの役に立ちたい」という願い、もうひとつは「完全な悟りを得たい」という願いです。この二つの良い願いがあってはじめて、完全な悟りという素晴らしい結果が得られます。

いっぽう、欲望が悪い結果を招くこともあります。こういう場合、悪い欲望をなくす特効薬は「満足」です。

何についても両極端というものはありますが、どちらにも偏らず、真ん中を行くこと、すなわち「中道」こそが正しい道です。

「満足」は、幸せを手に入れる鍵です。幸せになる要因には、身体の健康、物質的な財産、思いやりや友人の三つがあります。

この三つをどれだけ手にしているかは、どれくらい満足感があるかで測ることができます。

所有物や富について、まちがった考えをもっていると、家や財産に極端に執着したり、満足感を得られなくなったりします。

一度そうなると、最後には、いつも現状に満足できず、常に何かをほしがるようになります。

ある意味で、これこそほんとうの貧乏です。

というのも、貧乏の苦しみとは「何かをほしがる苦しみ」や「何かが足りないと感じる苦しみ」にほかならないからです。

喜び、欲望、物質的な快適さなどについて考えるとき、仏教では、欲望の対象には「形」「音」「香り」「味」「触感」の五種類があると説きます。

こうした対象が、幸せ、満足感、充足感につながるか、はたまた苦しみや不満足につながるかは、ひとえに知性の働きをどう活用するかにかかっています。

長続きする、真の満足感を得るための大事な鍵、それは自分の心がけです。心がけしだいで決まることはとても大きいのです。なかでもいちばん大切なのは、よい動機をもつことです。

仏教では、人間に生まれるのはよいことだとされています。人間に生まれた上に、長寿、健康、財産、能力など、さまざまな要件がそろえば、他の人たちといっそう有意義な付き合いができるはずです。

しかし、こうした要件がそろったおかげで有益な人間になるのか、逆に有害な人間になってしまうのかは、それをどう使い、どう知性をはたらかせるかにかかっています。

仏教には、六波羅蜜《ろくはらみつ》の修行（布施《ふせ》、持戒《じかい》、忍辱《にんにく》、精進《しょうじん》、禅定《ぜんじょう》、智慧《ちえ》の六つを完成させる修行）があります。

仏教の考えでは、物質的な財産を手に入れる原因となるのは、物惜しみをせず、布施をすることだとされています（＝布施）。

物惜しみせずに正しい布施をするには、道徳的な自制心が身についていなくてはなりません（＝持戒）。

道徳的な自制心というものは、困難に直面したときに、それを耐え忍ぶことができてはじめて身につくものです（＝忍辱）。

困難を耐え忍ぶには、喜びをもって努力することが必要です（＝精進）。

喜びをもって努力する修行を成功させるには、集中力が必要です。起こっている事象、自分の行為、目指す目的といったことに集中できる能力が必要なのです（＝禅定）。

そうした集中力がもてるかどうかは、望むべきものは何で、避けるべきものは何か、何が悪くて何がよいかを区別できる正しい判断力があるかどうかにかかっています（＝智慧）。

六波羅蜜で説かれている行動指針（布施、持戒、忍辱、精進など）を、日常生活の中でどのように実践すればよいのでしょうか？

仏教では、十善戒にもとづく生き方、つまり、十の悪い行為《おこない》をしない生活を勧めています。

「悪い」とされる行為は、ほとんどの宗教で共通しています。ということは、宗教的な見解には関係なく、社会にとって望ましくない行為や良くない行為が「悪い行為」なのです。

良い行為をすることで、人生はいっそう意義深くなり、建設的で、平和になります。

それができるかどうかは、すべてあなたの態度と心がけしだいです。

Part Ⅱ

死と向き合う

Facing Death and Dying

心安らかに死と向き合うことは、大変むずかしい問題です。ふつう、問題や苦しみに対処するには二つの方法があります。

ひとつは、ただひたすら問題や苦しみを避けて、何も解決しないまま心から締め出してしまう方法。

もうひとつは、問題や苦しみを正面から見すえ、よく観察し、知り尽くすことによって、「苦しみは、誰にとっても人生の一部なのだ」とはっきり理解する方法です。

誰でも病気にかかります。それは、特別なことではありません。病気になるのは自然の摂理、人生の現実です。

もちろん誰だって病気や痛みから逃れる権利はありますが、病気にかかったときは、逃げ出そうとせず素直に受け入れたほうがいいと思います。

病気にかかったら、できるだけ早く治療を受けるべきですが、心に重荷として抱えるべきではありません。

インド人の聖者シャーンティデーヴァはこうおっしゃっています。「その苦しみを克服する方法があるなら心配する必要はない。その苦しみを克服する方法がないのなら、心配してもはじまらない」。こういう論理的な態度は、とても役に立ちます。

誰にとっても死は人生の一部です。好むと好まざるとにかかわらず、死は必ず訪れます。死について考えるのを避けるより、死の意味を考えたほうがよいのではないでしょうか。

誰もが肉体をもっています。だから誰でも死ぬのです。もちろん自然死と事故死ではずいぶん違いますが、遅かれ早かれ、いずれ死はやってきます。

「死は人生の一部だ」という心構えが前もってできていれば、死に直面するのも楽になるかもしれません。

問題の対処法には、正反対の二つの方法があります。ひとつは、ひたすらその問題を避けて考えないようにする方法。もうひとつは問題に正面から向き合い、問題があることを意識化する方法です。後者のほうが、はるかに効果的です。

一般に、問題や苦しみには二つのタイプがあります。ひとつは、何らかの態度で臨めば実際に解決できるタイプ。もうひとつは、ある種の心構えや考え方がもてれば、苦しみは減らなくとも、きちんと向き合えるようになるタイプです。

不幸な目にあったらどうなるか。これには二通りの可能性が考えられます。

ひとつは、不安、心配、恐れ、疑い、挫折を感じて、鬱《うつ》になったり、最悪の場合は自殺してしまうケース。

もうひとつは、悲惨な体験をしたせいで考え方が現実的になり、真実がもっとよく見えるようになるケースです。

ものごとを分析する能力があれば、悲惨な体験でさえ強い人間になるきっかけや、自信や自立のきっかけになるかもしれません。不幸な出来事のおかげで内面が強くなることがありますから。

成功する人生、輝かしい未来といったものは、その人がどんな動機をもち、どれほどの決意と自信をもっているかで決まります。辛い体験を重ねたせいで人生がいっそう意味深くなる場合もあります。

自分のまわりの人を思い浮かべてください。生まれたときから何でも与えられている人は、小さなことですぐに失望したり挫折してしまうかもしれません。

いっぽう、苦労を乗り越えた末に、強い心やしっかりとした考え方を手に入れる人もいるでしょう。

問題が降りかかったとき、多くの困難を乗り越えてきた人は、苦しみを経験したことのない人よりも毅然とした態度で問題に対処できると思います。この点からすれば、苦しみも人生のよいレッスンです。

I think the person who has had more experience of hardships can stand more firmly in the face of problems than the person who has never experienced suffering. From this angle then, some suffering can be a good lesson for life.

私は祖国を失いました。しかも、祖国には今なお多くの破壊、苦しみ、不幸があふれています。

私は人生の大半を、それも人生最良の時期をチベット国外で過ごしました。この点からすれば私の人生によいことなどひとつもありません。

しかし、見る角度を変えれば、こうした不幸のおかげで、私は別の自由を手にしました。異文化の人々に出会い、さまざまな分野の科学者と対話する機会にも恵まれました。

こうした体験をとおして私の人生は豊かになり、価値あることをたくさん学びました。私の悲惨な体験にも有益な面があったわけです。

どんな問題でも、別の角度から眺めてみることで、実際に心の負担を軽くできるものです。

仏教では、どんなものごとにもたくさんの側面があると考えますから、ひとつのことがらについても、実に多くの角度から見ることができます。

あるひとつの出来事に、ネガティブな一面しかない、ということはありえません。

何か困ったことが起きたら、それを別の角度から見つめなおしてください。きっと、よい面や役に立つ面が見つかるはずです。

あるいは、困ったことが起きたらすぐに、別の出来事や、他人や他国の出来事と比べてみるのも効果的です。これも心の平安を保つ上でとても役立つ方法です。

死をどのように受けとめたらよいか、仏教の僧侶という立場からお話ししましょう。

ブッダは四つの聖なる真理（四聖諦）を説きました。その第一は「苦しみについての真理」です。「苦しみについての真理」は、「すべての存在に共通する三つの性質」という文脈の中で説かれていますが、この「すべての存在に共通する三つの性質」の第一に「無常」という性質があげられています。

無常というとき、そこには二つのレベルがあることを知っておいてください。ひとつは「生命や現象には終わりがある」という非常にわかりやすい粗いレベルの意味です。しかし四聖諦に関連して無常が説かれる場合は、「すべての存在は、刹《せつ》那《な》に変化しつづける性質がある」という、もっと微細《みさい》なレベルの意味になります。

「無常」の粗いレベルの意味、すなわち「生命や現象には終わりがある」ということについて熟考していくと、自分の心の中に「ものごとは、永遠に変化せずに存在し続けることができる」という感覚や「自分は永遠に存在し続ける」という感覚があることに気づきます。

これは、ものごとの永続性や永遠性を信じる思い込みですが、それがあるせいで、今の状態が永遠に続くように感じ、「今このとき」のことや、今生の出来事ばかりに目が向いてしまうのです。

しかし、「生命や現象には終わりがある」ことをじっくり考えてみれば、永続性を信じる思い込みはなくなっていきます。

永遠不変のものなどない、と気がつけば、来世のために何かをするということが、いかに意味深いか、もっとよくわかるようになるでしょう。

仏教の修行では、死と無常についての理解がたいへん重要だとされています。

死と無常について理解することが、なぜそれほど重要かといえば、死ぬ間際の心の状態は、次の転生《てんしょう》（生まれ変わり）に大きく影響するからです。

死ぬ間際の心の状態がポジティブであるかネガティブであるかによって、次の転生がまるで違ってきます。

だから仏教の修行では、死と無常についての理解が非常に大切だと強調されるのです。

死に関する高度な理解や悟りがあると、そのよい効果として、実際に死が訪れたときに、死の時点で心がたどるとされるプロセスを、意識を失わずに体験できるようになります。

特に密教では、心は死の時点できわめて微細な状態になると説かれます。

その意識レベルがあまりに微細であるゆえに、死の時点の心の状態は、ひとつの生から次の生へと続いていく心（心相続《しんそうぞく》）に大きな影響を与えるのです。

密教の修行では死のプロセスに関する瞑想がことのほか重視されています。

死の瞑想に巧みになっていれば、実際に死を迎えたとき、死の間際の心の変遷を見届けられるようになるばかりか、その微細な意識状態を使って悟りの境地へ至ることもできるとされるからです。

私たち意識をもつ存在は、どんなプロセスを経ながら存在しているのでしょう。密教では、存在のプロセス全体を「死」「中有《ちゅうう》」「生」という三つのステージで説明しています。

この三つのステージは、「意識」と「意識を牽引するエネルギー」が、そのときどんな状態で存在しているか、その現れ方を示したものです。つまり、「中有」や「生」とは、「微細な意識」や「意識を牽引するエネルギー」がどんな現れ方をしているかのバリエーションにすぎません。

こうした現れ方のバリエーションは、日常生活でも見られます。私たちは1日24時間の中で、深く眠っている時間、目を覚ましている時間、夢を見ている時間、というサイクルを繰り返しています。日常生活における私たちの存在の仕方にも、三つのステージがあるのです。

死が身近なものになり、死のプロセスにも詳しくなり、死の間際に心身にあらわれる兆候を見逃さないだけの能力が身につけば、もう死の準備は整ったといえるでしょう。

私自身のことを申し上げれば、これまで死に向けて準備してきた修行のすべてを、死ぬ瞬間に実行できるかどうか、いまだに自信がありません。まったくもって、保証のかぎりではないですね！

死のことを考えていると、ある種の興奮をおぼえることがあります。私は死に対して、恐怖ではなく一種の好奇心をもっていますので、死を容易に受け入れられると思います。

もちろん、もし私が今日、死ぬことになったら、「ああ、チベットはどうなってしまうだろう？　チベットの文化は？　600万人のチベット人の権利は？」ということが、唯一の心残りになるでしょう。

私にとっては、それが一番の心配事だからです。しかし、それさえなければ、私は死ぬことに何の恐怖も感じません。

私は毎日、八種類の本尊《ほんぞん》瑜伽《ゆが》と八種類の死の瞑想の修行をしています。もしかしたら、実際に死が訪れたときには、こうした準備も失敗に終わるかもしれません。もちろん、そうならないことを願っていますけれどね！

こうした修行は、死と向き合う上で、精神的にとても役立ちます。たとえ来世がなかったとしても、修行のおかげで死の恐怖がなくなるならメリットはあるといえるでしょう。

それに、準備万端にしておけば、死の瞬間にも心が安らかでいられます。

死の間際に心安らかであることは、何より大切です。仏教徒であろうと他の宗教の信者であろうと、何を信じていても同じです。

誰であろうと、死の間際に怒りや憎しみを抱くべきではありません。信仰はなくとも心安らかに死ぬほうがずっとよいはずです。そのほうが幸せです。

天国やその他の考えを信じている人であれば、自分の信じる神や高次元の力を想いながら、安らかに亡くなるのが一番です。

仏教や古代インドの伝統では輪《りん》廻《ね》転生《てんしょう》や因果の法則を信じていますから、来世によい生まれ変わりをするには、死の間際に正しいよい心でいるのがよいと、ごく自然に考えています。

Part Ⅲ

怒りなどの感情とつき合う

Dealing with Anger and Emotion

怒りと憎しみは、私たちにとって、とても身近な友人です。私も若いころは、ずいぶん怒りと仲良くしていたものです。

でも結局は、怒りとは意見の合わない点が多いと気づきました。

今では、思いやりと智慧をもちつつ常識をはたらかせられるようになりましたので、怒りと意見が衝突しても負けることはありません。

Anger and hatred are two of our closest friends. When I was young I had quite a close relationship with anger. Then eventually I found a lot of disagreement with anger. By using common sense, with the help of compassion and wisdom, I now have a more powerful argument with which to defeat anger.

おそらく、怒りには二種類あると思います。

ひとつは、よい感情にもなりうる怒りです。

たとえば、相手のことを心から心配して、誠実な思いやりから、「悪い行いをやめなさい」と忠告したのに、相手が耳を貸さない場合です。

そんなときは、ある種、力ずくで相手の悪い行いをやめさせる以外に方法がありません。

私の経験からすると、努力すれば誰でも自分を変えることができます。それは、はっきりしています。もちろん、すぐに変わることはできませんし、ずいぶん時間もかかります。

自分を変えようとするときや、自分の感情に対処しようとするときは、どんな考え方をすれば役に立ち、前向きで有益かについて、よく考えてみなくてはいけません。

ここでいう考え方とは、心が穏やかになったり、リラックスしたり、平和になるような考え方や、逆に不安、恐れ、フラストレーションのもとになるような考え方のことをさしています。

身体に何億ものさまざまな細胞があるように、心にもさまざまな思考や精神状態があります。

自分の心の世界をつぶさに観察し、有益な精神状態と有害な精神状態を正しく区別できたら賢明ですね。

そうした区別をするなかで、よい精神状態は価値があるとわかれば、よい状態をさらに増やしていけるでしょう。

ブッダは四つの聖なる真理（四聖諦）という根本の教えを説きました。これが仏法《ブッダダルマ》の土台となっています。

四聖諦の三番目の真理は「苦しみの断滅についての真理」です。ここでいう苦しみの断滅とは、修行や努力によって悪い感情が一切なくなった心の状態のことです。

それは、苦しみの原因となる悪い感情や思考から完全に自由になった、完成された心の状態です。

仏教において、苦しみを滅した境地（涅槃《ねはん》）とは、仏教を修行するすべての人が目指す境地であり、真の避難場所です。

人がブッダに救いを求めて帰依するのは、ブッダがはじめから特別な人間だったからではありません。ブッダが、苦しみを滅した境地（涅槃）に到達した人だから帰依するのです。

仏教では一般に、悪い感情や思考のことを「心を悩ます原因となる心の状態」と定義します。

これを煩悩と呼びますが、煩悩は、心が不幸や不安になる原因です。とはいえ感情がすべて悪いものだとはかぎりません。

私は以前に、心理学者や脳神経科学者が大勢参加した科学会議に出席したことがあります。その会議で、さまざまな科学分野における「感情」の定義に従って検討をすすめたところ、ブッダにも感情はあるという結論になりました。つまり、サンスクリットで「カルナー」と呼ばれる無量の慈悲や思いやりも、ある種の感情だということです。

ふつう感情というものは、よいほうにはたらく場合もあれば、悪いほうへはたらく場合もあります。しかし、怒りなどについていえば、これは悪い感情です。

悪い感情というのは、それが生じたとたんに不幸や不安な気持ちになり、いずれ何らかの行為へとつながっていって、最終的には他者を傷つけ、自分にも痛みや苦しみをもたらします。

こういう悪い結果につながる感情を「悪い感情」と呼ぶのです。

密教の修行には、怒りのエネルギーを別のものに変換する瞑想テクニックがあります。忿怒尊《ふんぬそん》(忿怒の姿をした仏) の意味もここにあります。

思いやりの動機が根底にあれば、ときには怒りが役に立つこともあるでしょう。怒りのせいで普段以上のエネルギーが出たり、ものごとを素早くおこなえることもあるからです。

しかし、たいていの場合、怒りは憎悪につながります。憎悪はどんな場合でもネガティブです。憎悪は、邪悪な思いを宿すからです。

私はふつう、怒りを二つのレベルから分析します。一人の人間としてのレベルと、仏教徒としてのレベルです。

一人の人間としてのレベルでは、宗教やイデオロギーを持ち出すまでもなく、幸福の源《みなもと》は、健康、物質的な充足、よい仲間です。

健康面から見ても、憎悪などのネガティブな感情はとても悪いものです。

いつも心穏やかでいるべきです。心配事があっても、その問題は今生だけで終わるのですから、いつも穏やかな心で過ごしましょう。

水から波が現れ、また水へと戻るように、悩みごとはほんの一時《いっとき》、心を悩ませるにすぎません。そんなものに心の平安を乱されてはいけません。心が穏やかであれば血圧なども平常に保たれます。結果として健康にもよいでしょう。

私の友人に、高血圧なのに健康面で問題もなければ、疲れもまるで感じないという人たちがいます。

私は長年にわたって、とてもすぐれた修行者たちと出会ってきました。そのいっぽうで、物質的には非常に恵まれているのに、実際に話をしてみると、よいことをいうのは最初のひとこと、ふたことだけで、あとは文句や愚痴ばかりという人たちもいます。

彼らは物質的には豊かですが、心に安らぎや平和がありません。そのため、いつも消化不良や不眠症など、あらゆることに悩まされています。

そんな姿を見るにつけ、健康のためには心の安らぎが大切だと思います。

幸福の源の二つ目は物質的な充足です。

早朝に不機嫌な気分で目覚めたときなど、お気に入りの腕時計を見てもちっとも嬉しくないことがあります。

別の日には、前日の体験の影響なのか、朝、目覚めたら、楽しくて平和な気持ちに包まれていることもあります。そんなときに眺める腕時計は、驚くほど素敵です。

どちらも同じ腕時計のはずなのに、なぜでしょう？

この違いは心の状態からきています。物質を手に入れたり利用したりすることで本当の満足を得られるかどうかは、心のあり方しだいなのです。

心が怒りに支配されると、財産にも悪影響がおよびます。これも私の経験談ですが、若いころ、私はよく腕時計の修理をしていました。

試行錯誤を繰り返して、いろいろやってみるのですが、ときには、かんしゃくをおこして腕時計を叩きつけてしまうこともありました！

その瞬間は、怒りのせいで普段と百八十度違う態度をとってしまうのです。そのくせ後になって、あんなことをして悪かった、と深く反省したものです。

私の目的は腕時計を修理することだったのに、なぜテーブルに叩きつけたのでしょう？

このことからも、物質的な財産から本当の満足や利益を得るには、心のもち方がとても大切だとわかります。

幸福の源の三つ目は友人です。

人は心が穏やかだと正直になり、心も広くなるものです。心が穏やかであれば、意見の合わない人がいても、同じ人間としてコミュニケーションをとることができます。

意見の相違はひとまず脇において、お互い人間同士ということでコミュニケーションをはかれるのです。そうすることで、相手の心にもポジティブな気持ちや、好意的な気持ちが生まれると思います。

純粋な気持ちは、地位などよりずっと価値があると思います。私は一人の人間にすぎませんが、さまざまな体験や心の修養を重ねるうちに、なにか新しい心構えのようなものが芽生えてきました。

これは特別なことではありません。あなたがたは私よりもよい教育を受けてきたでしょうし、いろいろな経験もしたでしょうから、私よりもあなたがたのほうが、自分を内側から変えることのできる大きな可能性をもっているはずです。

私が生まれたのは、近代教育もなければ、世界についての深い理解もないような小さな村でした。それに私は十五、十六歳のころから、想像を絶する重荷のようなものを背負ってきましたから。

どんな人でも、自分には大きな可能性がある、と感じているべきです。もし自分を変えたいなら、「自信と少しの努力で、ほんとうに変われるんだ」と思うべきです。

今の生活に不満や問題があっても、悪い面に目を向けてはいけません。よい面や可能性に目を向けて、努力をしてください。

そう、人間同士の付き合いには、心のもち方が何よりも大切です。無信仰の人というのは単に正直な人かもしれませんが、たとえそうした人であっても、幸福になる究極の原因となるのは心のもち方です。

健康に恵まれ、物質に恵まれ、それらを正しく活用でき、人間関係にも恵まれていたとしても、幸せな人生を手に入れる一番の要因は心の中にあります。

ここまでくれば、どうやって怒りや憎しみを小さくすればいいか、もうおわかりですね。

まず最初は、ネガティブな感情がどれほど悪いものであるか、なかでも憎悪がいかに悪いかに気づくこと。それが何より大切です。

私は憎悪こそ究極の敵だと思います。敵とは、私たちの利益を直接的・間接的に損なう人やものごとのことであり、利益とは、最終的には、幸せを手に入れることです。

心の中の敵だけでなく、外の敵についてもお話ししましょう。私自身を例にとれば、中国の兄弟たちがチベットの権利を弾圧しているせいで、人々の間に苦しみや不安が生じている状況があります。

しかし、外の敵がどれほど強硬な手段をとろうと、幸福の究極の源である「心の平安」を破壊することはできません。それは外の敵に破壊できるようなものではないからです。

私たちの祖国は侵略され、建物や財産が破壊され、友人も殺されるかもしれません。しかしそれも、心の幸せにとっては二次的なことです。

心が幸せになる究極の源は心の平安です。何ものもこれを破壊することはできません。ただひとつの例外である自分自身の怒りをのぞいては。

外の敵が相手なら、逃げたり隠れたり、ときにはだますことだってできるでしょう。

誰かが私の心の平安を乱すなら、ドアに鍵をかけて一人静かに座れば逃げられます。

しかし自分の怒りが相手ではそうはいきません！　怒りは、私がどこに行っても必ずついてきます。鍵をかけても、部屋の中まで入ってきます。正しい手段を講じないかぎり、自分の怒りからは逃げられません。

憎悪や怒り、ここではネガティブな怒りのことですが、それは真に心の平安を破壊します。これこそ究極の敵です。

「感情を押し殺すのはよくない」「感情は表に出してしまったほうがいい」と信じている人もいます。

私の考えでは、ネガティブな感情にもいろいろな種類がありますから、感情によって異なる対応をするべきだと思います。

ある種のフラストレーションは過去の出来事が引き金となって生じます。たとえば、性的虐待などといった過去のネガティブな出来事を隠していると、意識レベル、無意識レベルで問題が生じることがあります。

そういう場合は、フラストレーションを表に出してしまったほうが、ずっとよいでしょう。

長年、怒りとつき合ってきた経験からすると、怒りは、それをなくす努力をしないかぎり、いつまでも心に残って、どんどん大きくなっていきます。そして徐々に、小さな出来事にもすぐ怒るようになっていきます。

いっぽう、怒りをコントロールして自制しようと努力していれば、最後には、大きな問題が起きても怒りを感じずにいられるようになります。

However, according to our experience with anger, if you do not make an attempt to reduce it, it will remain with you and even increase. Then even with small incidents you will immediately get angry. Once you try to control or discipline your anger, then eventually even big events will not cause anger.

怒りが生じそうになったときに心の平和を保つための、とても大事なテクニックがあります。

それは、不満に思ったり落胆したりしないことです。というのも、不満や落胆は怒りや憎悪の原因になるからです。

原因があれば自然と結果につながっていきます。ひとたび原因と条件がすべて揃ってしまえば、その結果が生じないように食い止めるのは至難の技です。

ですから、状況をよく観察し、怒りの原因となるプロセスが見つかったときには、初期の段階で摘み取ってしまいましょう。

それはとても大切なことです。そうすれば、そこから先にはすすみません。

『入菩提行論』という書物の中で、「不満は怒りの種になります。だから、不満につながるような状況に身をおいてはいけません」と聖者シャーンティデーヴァはおっしゃっています。

これは、自分の財産、仲間や友人、その他あらゆる状況に対して、ある種の心構えをもって臨むべきだということです。

不満、不幸、絶望などの気持ちは、すべてのことがらと関連しておこります。もし正しいものの見方ができなければ、この世のあらゆることがフラストレーションの原因になることだってあるでしょう。

しかし、ことがらというのは真理そのものの一部ですし、私たち自身も存在の法則に支配されています。となると、私たちに残された唯一の方法は、自分の心の受けとめ方を変えることだけです。

ものごとや出来事に対する受けとめ方が変われば、すべてのことがらが敵やフラストレーションの原因になるどころか、友人や幸せの原因になることだって可能です。

たしかに、敵はとても悪いものです。敵は、私たちの心の平和や大切なものを破壊します。

しかし別の見方をすれば、唯一、敵だけが私たちに忍耐するチャンスを与えてくれます。敵の他には誰も、寛容さの修行や忍耐の修行をさせてくれる人はいません。

地球上には何十億人もの人がいますが、その大部分は知らない人です。つまり、地球上のほとんどの人たちは、寛容さや忍耐を実践するチャンスをくれないのです。

あなたが知っている人で、なおかつ、あなたに厄介ごとをもたらす人だけが、忍耐と寛容の実践のとてもよい機会を与えてくれるのです。

私たちに害を与えようとする意図こそが敵の敵たるゆえんだ、と聖者シャーンティデーヴァはおっしゃいます。

もし敵に悪意がなければ、私たちはその人を敵とは見なさないでしょうし、その人に対する態度もまったく違ってくるでしょう。

私たちを害そうとする意図があるからこそ敵なのであり、だからこそ敵は、寛容さや忍耐を実践するチャンスを与えてくれるのです。つまり、敵というのは、実は尊い先生なのです。

こう考えれば、敵に対するネガティブな感情、特に敵を憎悪する気持ちはしだいになくなることでしょう。

ここで問題になるのは、いつも謙虚にしているとそれにつけ込む人が出てくるかもしれないし、もしそうなったらどう対処すればいいのか、ということです。

しかし、答えはとても簡単です。知恵と常識をつかって、怒りと憎悪をもたずに行動すればよいのです。状況から判断して、あなたの側から何か反撃をする必要があるなら、そうしてかまいません。しかし怒りを抱かずに反撃してください。

実際のところ、怒りではなく、真の智恵にもとづいてアクションをおこしたほうが大きな効果があるものです。

怒りの真っ只中でとった行動というのは、たいていうまく行かないものです。怒りや憎悪を抱かずにやったほうが、ずっと効果的にやり遂げることができます。

寛容さの実践には、別のタイプの修行もあります。それは、意識的に他者の苦しみを引き受けるという修行です。

たとえば何かをするにあたって、今はキツくて、難しくて、大変だけど、長い目でみれば利益につながる確信があるからあえてやる、という状況が考えられます。

人は、何かの決意や心構えがあるから、あるいは長期的な利益を求めて、短期的にみれば困難で厄介なことをわざわざ引き受けることがあるものです。

私はほぼ確信しているのですが、もしダライ・ラマ14世の笑いがもっと少なかったら、私はこれほど多くの友達をさまざまな場所にもつことにはならなかったでしょう。

他者に接するとき、私はいつでも相手を「一人の人間」と見て向き合います。

こうした立場では、愛情のこもった心からの微笑みさえあれば、大統領、女王陛下、ホームレス、誰であろうと、そこに違いはありません。

Part IV

与えることと受け取ること

愛と思いやりの実践法

Giving and Receiving

A practical way of directing love and compassion

思いやりは、何よりもすばらしく、貴いものです。思いやりについて話すとき、人間の基本的な性質は「思いやり」と「やさしさ」である、と私は信じているのですが、そのことをお伝えできるのは、とても勇気の湧くことです。

ある科学者から聞いた話では、人間は生まれて数週間で脳が大きく成長するので、この時期は人間にとって、いちばん大切なのだそうです。

この時期にお母さんか、お母さん代わりの誰かと触れ合うことが非常に大切だといいます。

このことからも、赤ちゃんは、誰が誰なのかはわからなくとも、ともかく誰かの愛情を身体で必要としていることがわかります。それが得られないと脳は健全に発達できないのです。

病院に行ったとき、お医者さまが誠実で、思いやりがあって、ニコニコしていると、お医者さまの腕の良し悪しには関係なく、なんだか「大丈夫」という気持ちになります。

ところが、どんなに優秀な専門医であっても、人間味に欠けたお医者さまだと、なんだか不安で神経質になってしまいます。それが人間というものです。

私の経験からすれば、教育の場でも、単に教師として優れているだけでなく、生徒に愛情を注いでくれる先生から教わったほうが、授業の内容が深く心に残ったものです。そうでない先生から教わったら、そんなふうにはなりません。

生徒は、強制されて勉強することもあれば、先生が怖いから勉強することもあるでしょう。

しかし、教わった内容が必ずしも心に深く残るとはかぎりません。やはり、先生の愛情によるところが大きいと思います。

私たちは、幼少の時期と年老いてからの時期は、生き延びるために他者の愛情に大きく依存しなくてはなりません。

ところが、この二つの時期に挟まれた期間の私たちは、他者の助けがなくても何でもできるし、はっきりいって他者の愛情など重要ではないと思っています。

しかしそういう時期にこそ、思いやりや深い愛情を忘れずにいることが大切だと思います。

大都市や街に住む人が孤独を感じるとき、それは仲間が足りないのではなく、愛情が不足しているのです。その結果、最後には心の健康が蝕《むしば》まれてしまいます。

反対に、人間らしい愛情に包まれて育った人は身体、心、振る舞いなど、すべての面でずっとポジティブで健《すこ》やかな発達をみせます。

あたたかな雰囲気に触れずに育った子供は、ネガティブな振る舞いが多いものです。これは、人間というものの基本的な性質をよくあらわす例でしょう。

前にもお話ししたとおり、心の平安は身体にもよいものです。悩みごとがあると健康面にも大きな悪影響が及びます。このことからも、健康でいるためには、なにより愛情あふれる雰囲気が必要だとわかります。

だからこそ、思いやりをもつことで、さまざまな可能性が開けるのです。問題は、思いやりをもてるかどうか、実践できるかどうか、だけです。

こうした話をとおして、私がいちばんお伝えしたいのは、「私たちには生まれつき思いやりがある」「思いやりはとても大切である」「思いやりは強めることができる」ということです。

思いやりとは何なのか。思いやりの意味を正しく知ることが大事です。

仏教では、「自分と同じく、他者にだって幸せを求め、苦しみを克服する権利がある」とはっきり理解し、納得することが土台となって、ほんものの思いやり、つまり慈悲が生まれるとされます。

この土台があるからこそ、相手が自分にどんな態度をとろうとも、その相手の幸福を思いやることができるのです。それが慈悲というものです。

友人への愛情や思いやりは、実は執着であることが多いものです。友人への想いの土台にあるのは、「私のもの」「私の友人」「私に有利なもの」という気持ち、つまり執着であって、「すべての生きものは等しく幸せを求めている。誰でも幸福を手に入れ、苦しみを克服する権利がある」という理解ではありません。

だから、相手の態度が変わったとたんに、その人への親しい気持ちも消えてしまいます。

それとは別のあり方として、「相手も同じ人間なのだから、どんな場合でも苦しみを克服する権利がある」と考えて、相手がどんな態度をとろうとも、相手を思いやる姿勢を崩さずにいることもできます。こういう心構えがあれば、相手が自分に無関心であろうと、敵であろうと、思いやる気持ちが揺らぐことはありません。

ほんものの慈悲と執着は、互いに相反《あいはん》するものです。仏教の修行法によれば、ほんものの慈悲をはぐくむには、まず、すべての人を平等に見る「平等の瞑想」を実践して、親しい人への執着をなくし、敵に対する悪い気持ちをなくさなくてはなりません。

「生きとし生けるものはみな平等だ」と思えるようになる必要があるのです。

そう思えてはじめて、すべての生きもののために、少しずつ慈悲をはぐくんでいけるのです。

いっておかなくてはならないことがあります。ほんものの慈悲とは、誰かに同情したり、自分より下の者を憐れむことではありません。むしろ、他人を自分より大切なものとして見ることのできるのが、ほんものの慈悲です。

It must be said that genuine compassion is not like pity or a feeling that others are somehow lower than you. Rather, with genuine compassion you view others as more important than yourself.

真の慈悲をはぐくむには、最初は「平等心」の修行からはじめます。すべての人を平等と見なす感覚がなければ、他人を見る目に偏りがでてしまいます。だから、この修行はとても大切です。

ここでひとつ、平等心を育てるための、仏教の簡単な瞑想法を教えましょう。

まず最初は、友人や親戚など、自分が執着を抱いている人たちを思い浮かべてください。

次に、あなたが、興味も関心ももってない人たちを思い浮かべてください。

さらに、自分が嫌っている人たちを思い浮かべてください。

これら三種類の人々を思い浮かべたら、心を本来の自然な状態にもどし、それぞれの人々に接したときに、自分の心がどんな反応を示すか観察します。

きっと、友人には執着が、敵と思う人には憎悪が、自分と無関係だと思う人には無関心が、自然な反応として起きるのではありませんか？

ここで、自分に問いかけてみます。

私たちは、友人に対するときと、敵に対するときでは正反対の態度をとりますが、この二つの態度をとることで、それぞれどんな効果や影響があるか、くらべてみてください。

なぜ友人と敵に対して、これほど違う態度で接する必要があるのでしょうか？

このことを考えてみてください。

こうした態度が自分の心にどんな影響を及ぼすかについても考えてみましょう。

その上で、相手によって正反対の態度をとるのはくだらないし意味がない、とはっきり理解できるよう努めてください。

敵に対する憎悪や怒りの是非については、すでにお話ししました。友人などに執着しすぎることの過失についても、少しお話ししましたね。

これらについて、じっくりと考えてみてください。その上で、敵と友人という対照的な人たちに対して感じる強い感情を、できるだけ小さくするよう努力してください。

大切なのは、「自分と他の生きものは根本的に平等である」という点について、よく考えることです。

あなたが本能的に幸せを求め、苦しみを克服したいと願うように、他のすべての生きものも同じことを願っています。

あなたに願いをかなえる権利があるように、他のすべての生きものにも同じ権利があります。

そうであれば、何を根拠に生きものを分け隔てするのですか？

人類全体をみれば、私たち人間は社会をつくって生きる動物だといえるでしょう。

現在の経済構造や教育制度といったシステムのせいで、世界は前よりずっと小さくなり、人々は大きく依存し合うようになりました。

こうした状況の中で私たちがとるべき道とは、互いに調和しながら生活し、働きつつ、人類全体の利益をいつも心にとどめておくことです。それが私たちのとるべき唯一の態度であり、生き残る道です。

私の興味や幸・不幸が、他者と無関係ということはありえません。それは、ものごとの本質としてそうなのであって、人間であればなおさらです。

私の幸福は、他者の幸福に左右されます。幸せそうな人を見ると、自然と私も少し幸せになります。不幸な人を見たときはそうはなりません。

たとえば、ソマリアのお年寄りや幼児が飢えているシーンをテレビで見ると、反射的に悲しい気持ちになります。実際に支援活動をはじめるかどうかは別として、悲しくなります。

私たちは毎日の生活で、エアコンをはじめとする便利な品々に囲まれています。こうした品々は自分でつくったのではなく、大勢の人々の直接・間接の関与があってできたものです。

近年、さまざまなモノが一気に出現しました。今となっては、単純な道具だけがたよりの数世紀前の生活や、便利品がなかったころの生活に戻ることはできません。

いずれにしても、はっきりいえるのは、現在、私たちが享受している便利な品々は、大勢の人たちがさまざまにかかわってできた産物だということです。

誰にでも幸せになる権利があります。そして、すべての人は相互に関連し合って生きています。

そうであれば、論理的に考えて、どんな重要人物の利益であろうと、一人の人間の利益よりも、地球上のその他、50億人の利益のほうが大切だということになります。

こうした考え方をすすめていけば、最後には、地球規模での責任感に目覚めることになるでしょう。現代の環境問題、たとえばオゾン層破壊などをみても、世界規模での協力が不可欠なことは明らかです。

進歩や開発がすすむにつれて、世界全体はぐっと小さくなったように思います。しかし、人間の意識は、それに追いついていないようです。

今日の世界では、よりいっそう広い心、よりいっそう思いやりのある心が、ますます重要になっています。

現代では、あらゆることが本質的に複雑で、密接な依存関係の上に成り立っています。こうした観点から現在の状況を眺めてみると、自分自身のものの見方が徐々に変化していくのを感じます。

「他者」というとき、あるいは他者のことを考えるとき、彼らを自分と無関係のものとして片づけることはできなくなっています。もはや、他者と無関係ではいられません。

自分のことばかり考えていたり、他人の権利や幸せに無頓着だったり、もっと悪いことに、他人を搾取していたならば、いずれは敗者になるでしょう。

あなたの幸福を気遣ってくれる友人がいなくなるどころか、あなたに災難が降りかかったときに、みんなが陰で喜び合うかもしれません。

逆に、思いやりがあり、利他的で、いつも相手の利益になることを考えていれば、友人が多かろうと少なかろうと、どこに引っ越そうと、すぐに友達ができます。

そういう人が災難にあえば、大勢の人が助けに来てくれるはずです。

ほんとうの友情は、愛情にもとづくものであって、お金や権力にもとづくものではありません。
もちろん、あなたに権力や富があれば、もっと大勢の人が近寄ってきて、笑いかけたり、贈り物をくれたりするかもしれません。
しかし、そういう人たちは、ほんとうはあなたの友達などではなくて、あなたの富や権力の友達です。
あなたが幸運に恵まれている間は近寄ってくるでしょうが、幸運に影がさしたとたん、どこかに消えてしまいます。
あなたが助けを必要とするとき、こういう友達は真剣に助けてはくれません。それが現実です。

ほんものの友情は愛情に根ざすものであって、地位や立場とは関係ありません。このため、他人の幸福や権利を思いやれる人ほど、より多くのほんものの友人に恵まれます。

心を開いて誠実な態度でいれば、最後には自分自身にも多くの恩恵がかえってきます。

他人のことに無頓着だったり、思いやりに欠けていると、自分の利益も失います。

慈悲や思いやりの気持ちが強まると、いろいろとよい副作用ができます。たとえば、慈悲が強まると、困難にぶつかったときに立ち直る力や、状況を好転させる能力が高まります。

There are various positive side effects of enhancing one's feeling of compassion. One of them is that the greater the force of your compassion, the greater your resilience in confronting hardships and your ability to transform them into more positive conditions.

『入菩提行論』という仏教の古典に、慈悲や思いやりを強める上で、とても効果のある修行法が紹介されています。

この修行をするには、まず、「自分本位の心」の象徴として、過去の自分を思い浮かべます。

次に、「無数の生きとし生けるもの」の象徴として一団の人々を思い浮かべます。

そうしたら、中立で公平な第三者の視点に立って二つを観察し、両者の価値、利益、重要性を比較してみます。すると、自然と、無数の他者のほうへと心が傾いていくことでしょう。

生きとし生けるものの幸せを思いやる、利他の心が強まれば強まるほど、人はますます勇敢になります。

勇気が湧いてくるにつれて、落ち込んだり絶望したりすることが減っていきます。

そう、慈悲や思いやりは、内面的な強さの源でもあるのです。

内面が強くなると、断固とした決意が生まれるので、どんな障害があっても成功の確率が高まります。反対に、躊躇、恐れ、自信のなさがあると悲観的な態度になってしまいます。

私は、そういう態度こそ、失敗の原因だと思います。一般の世の中においても、将来の成功を手にするには、慈悲が非常に重要だと思います。

ここまでの話の中で、自分本位の考え方や生き方をしていれば、いずれ困った結果に陥り、他者の幸せを心にとどめて、そのために働いていれば、よい結果につながることを見てきました。

ですから、こうした点については、だいぶ確信がもてるようになったのではないでしょうか。

そこで次に、仏教の特別な瞑想修行法をご紹介しましょう。それは「与えることと受け取ること（トン・レン）」と呼ばれるものです。

この修行法は、基本的には、他の生きものの苦しみや痛み、良くない性質、望ましくない体験のすべてを自分が引き受けると観想するものです。

他者の苦しみを自分が引き受ける観想をしたら、次は、自分の良い特質、たとえば善良な心、ポジティブなエネルギー、富、幸福などを、他者に与えたり、シェアしたりすると観想します。

こうした瞑想をすると、心理的に何らかの変化が生じ、愛情や慈悲がいっそう強まります。

ひとつ覚えておいてほしいのは、心を変化させるには時間がかかるということ、そして、それは簡単にはできないということです。

西洋など科学技術の発達した国の皆さんは、なんでも機械的あるいは自動的にできると考えているふしがあるように思われます。

しかし、霊性面での変容は短期間でできると期待してはいけません。それは不可能です。

その点を心に刻んで、コンスタントに努力を続けていけば、一年後、五年後、十年後、十五年後には、少しずつ何らかの変化が見られるでしょう。

私もまだ、こうした修行を実践するのがとても難しく感じられることがあります。

でも、こうした修行は、非常に役に立つと固く信じています。

聖者シャーンティデーヴァの書物から、私の好きな一節を引用しましょう。

「虚空のあるかぎり、衆生がいるかぎり、どうか私も共にいて、世界の苦しみを取り除くことができますように」

My favourite quotation from Shantideva's book is: 'As long as space endures, as long as sentient beings remain, until then, may I too remain and dispel the miseries of the world.'

訳者あとがき

ダライ・ラマ法王の言葉を読むと、知らぬ間に日頃自分が求めていた答えを受け取っていたり、深遠な真理の教えに導かれていたりします。

きっと、ダライ・ラマ法王が膨大な仏教の知識と、実践から体得した経験にもとづいて話しているからでしょう。

ダライ・ラマ法王は、祖国と民のゆく末を一身に背負う苦難の人生を歩みながら、世界中から尊敬される生き方を実現してみせました。そんな法王だからこそ、その言葉には、私たちに気づきを与え、幸せに導く力があるのかもしれません。

本書の刊行にあたり、素晴らしい写真を提供してくださった正木晃氏、加藤千晶さん、ならびに、春秋社編集部の桑村正純氏に心よりお礼を申し上げます。

2007年10月吉日

鈴木樹代子

【著者紹介】
ダライ・ラマ14世 テンジン・ギャツォ
（H. H. the Dalai Lama, Tenzin Gyatso）
1935年、チベット東北部アムド地方に生まれる。2歳のとき転生活仏ダライ・ラマ14世と認められる。1949年のチベット侵略に伴い、15歳で、政治・宗教両面の国家最高指導者となる。1959年に亡命。インドのダラムサーラに亡命政権を樹立。チベット問題の平和的解決を訴えつづけ、1989年にノーベル平和賞受賞。全チベット人が祖国復興の悲願とともに、仏教の世界的指導者であるダライ・ラマ法王に絶大な尊敬と信頼を寄せている。著書は『ダライ・ラマ 365日を生きる智慧』『ダライ・ラマ 般若心経入門』『ダライ・ラマ 慈悲の力』（いずれも春秋社）など多数。

【訳者略歴】
鈴木樹代子（すずき きよこ）
1966年、東京都生まれ。94年、ダライ・ラマ法王の説法でチベット仏教と出会い、日本でクンチョック、ゲシェー・ソナム両師に師事。2006年よりダライ・ラマ法王日本代表部事務所勤務。訳書に『ダライ・ラマ 瞑想入門』『ダライ・ラマ 大乗の瞑想法』（ともに春秋社）などがある。

ダライ・ラマ法王日本代表部事務所（チベットハウス）
〒160-0022 東京都新宿区新宿5-11-30 第五葉山ビル5階
電話 03-3353-4094　http://www.tibethouse.jp/

【写真提供】
正木　晃　pp.18-19, 22-23, 26-27, 30-31, 82-83, 90-91, 94, 95
加藤千晶　pp.3, 86-87

ダライ・ラマ ハートフル・メッセージ

2007年11月26日 第1刷発行
2008年 3月10日 第2刷発行

著　者　ダライ・ラマ14世テンジン・ギャツォ
訳　者　鈴木樹代子
発行者　神田　明
発行所　株式会社 春秋社
〒101-0021 東京都千代田区外神田2-18-6
電話 03-3255-9611（営業）
03-3255-9614（編集）
振替 00180-6-24861
http://www.shunjusha.co.jp/
装幀者　中山銀士
印刷・製本　萩原印刷株式会社

ISBN978-4-393-13360-6 定価はカバー等に表示してあります